생각이 번쩍, 미래가 반짝!

생각의 탄생

❼ 인공 지능과 미래

글 김형자

청소년을 위한 과학 잡지 《뉴턴》의 편집장을 지내며, 오랫동안 과학 지식을 어린이와 청소년에게 재미있게 전달하는 데에 힘썼습니다. 지금은 과학 칼럼니스트와 저술가로 활동하고 있습니다. 《조선일보》, 《주간조선》, 《시사저널》 등에 과학 칼럼을 연재하고 있고 문화체육관광부, 한국산업기술기획평가원 등에서 발행하는 잡지에도 연재 중입니다. 여러 대학의 신문과 기업체의 사보에 기고하고 있으며, 대학과 기관에서 강의도 하고 있습니다. 그동안 쓴 글 중 몇 편이 중학교 국어 교과서에 실리기도 했습니다. 지은 책으로 『구멍에서 발견한 과학』, 『먹는 과학책』, 『지구의 마지막 1분』 등이 있습니다.

그림 이창우

부산대학교 미술학과를 졸업하고 일러스트레이터가 되어 만화와 그림을 그리고 있습니다. 국정홍보처, 법제처의 간행물과 《서울경제신문》, 《어린이동아》 등 다양한 매체에 일러스트 작업을 했습니다. 《독서 평설》, 《과학동아》 등에 연재하고 있습니다. 그린 책으로 『토픽으로 잡는 똑똑한 초등 독해』 시리즈, 『세상이 번쩍, 생각이 반짝! 전쟁과 발명』, 『서울대 교수와 함께하는 10대를 위한 교양 수업 5』 등이 있습니다.

기획 자문 김대식

독일 막스플랑크뇌연구소에서 석박사 학위를 받은 뒤 미국 매사추세츠 공과 대학(MIT)에서 박사 후 과정을 보냈습니다. 지금은 한국과학기술원(KAIST) 전기 및 전자공학부 교수로 일하고 있습니다. 쓴 책으로는 『인간을 읽어내는 과학』, 『그들은 어떻게 세상의 중심이 되었는가』, 『당신의 뇌, 미래의 뇌』, 『메타버스 사피엔스』 등이 있습니다.

『생각의 탄생 시리즈』

생각의 탄생은 여기저기 흩어져 있는 문명 탄생의 순간들을 주제별로 한데 모아 인류가 어떤 생각들을 떠올리며 발전해 왔는지를 재미있고 알기 쉽게 들려주는 어린이 교양 백과입니다.

『인공 지능과 미래』

인공 지능은 대체 어떤 걸까요? 인공 지능은 언제부터 생겨났고, 우리 생활을 어떻게 바꾸고 있을까요? 이 책은 인공 지능이 등장하고 발전하기까지 사람들이 노력해 온 과정을 담고 있습니다. 인공 지능의 발전 과정을 따라가다 보면, 인공 지능과 함께 만들어 갈 미래 세상이 더욱 기대될 거예요.

생각이 번쩍, 미래가 반짝!

생각의 탄생

⑦ 인공 지능과 미래

글 김형자 그림 이창우
기획 자문 김대식(KAIST 교수)

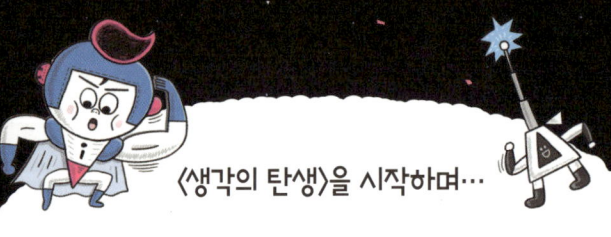

〈생각의 탄생〉을 시작하며…

인간의 뇌는 태어난 후 약 12년 동안 여러 경험을 거치는 '결정적 시기'를 통해 세상을 파악하고 성장해 갑니다. 이 시기의 아이들은 어느 한쪽에 치우치지 않고 다양한 세상을 접할수록 폭넓은 사고를 갖춘 사람으로 자랄 수 있습니다. 〈생각의 탄생〉은 그런 목적으로 기획되었습니다.

아이들의 뇌 성장을 자극하는 주제

한창 자라는 뇌의 신경 세포들은 다양한 자극을 통해 성장합니다. 〈생각의 탄생〉은 아이들의 뇌 발달에 도움이 되는 다양한 문명 관련 주제를 오랜 검토와 고민 끝에 하나하나 정했습니다. 또 하나의 주제 안에서 역사, 문화, 과학, 예술 등 여러 분야의 지식을 융합하여 다양한 자극이 전해지도록 고려했습니다.

인류의 발자취를 따라가며 배우는 생각의 힘

세상의 지식은 서로 연결되어 있습니다. 또 연결된 지식에는 역사가 있습니다. 〈생각의 탄생〉은 연결된 지식의 역사 속에서 누가, 언제, 어떻게 세상에 없던 생각을 떠올렸는지 그 과정을 생생하게 따라갑니다. 아이들은 인류의 생각을 들여다보며 더 나은 미래를 펼칠 상상력을 키울 수 있습니다.

> **"** 자, 그럼 〈생각의 탄생〉과 함께
> 문명 탄생의 순간들을 찾아
> 즐거운 생각 여행을 떠나 볼까요? **"**

일곱 번째 지식 여행 『인공 지능과 미래』

인간과 대화하는 똑똑한 컴퓨터, 인공 지능

사실 인간은 매우 나약한 동물입니다. 사자같이 힘이 세지도 않고 치타같이 빠르지도 않습니다. 그렇다고 빨리 도망칠 수 있는 날개가 있는 것도 아닙니다. 다만 특별한 능력이 하나 있어요. 바로 '생각하는 능력'입니다. 인간은 이 능력 덕분에 과거 경험을 통해 앞으로 벌어질 일을 상상할 수 있고, 직접 배우지 않은 것도 이해할 수 있습니다.

지능과 생각하는 능력을 지닌 인간은 자신의 한계를 극복할 수 있는 '도구'를 만들기 시작했습니다. 주먹보다 더 단단한 게 필요한가요? 망치를 쓰면 됩니다. 학교에 지각할 것 같다고요? 버스를 타면 되겠네요. 이렇게 필요한 도구를 만들어 온 인류는 20세기 중반에 이르러 아주 새로운 도구 하나를 발명합니다. 바로 '컴퓨터'지요.

이런 컴퓨터라면 사람처럼 생각도 할 수 있을까?

컴퓨터를 발명한 과학자들은 깜짝 놀랐습니다. 인간과는 비교도 안 될 만큼 빠르고 정확하게 수학 문제를 풀어냈거든요. 과학자들은 이렇게 똑똑한 컴퓨터라면 인간과 비슷하게 생각하는 것 역시 가능하겠다는 기대를 품었습니다. 그래서 그것에 '인공 지능'이라는 이름을 붙이고는 꾸준히 개발해 왔지요. 한 걸음 한 걸음 발전해 온 인공 지능은, 2011년에 디프러닝 기술이 개발되면서 인간과 대화하는 능력까지 갖추게 되었습니다!

인공 지능과 함께하는 흥미진진한 세상

여러분은 정말 흥미로운 시대에 살고 있습니다. 지금까지 인간과 대화를 나눌 수 있는 존재는 오직 다른 '인간'뿐이었습니다. 새로운 것을 창작하는 일 역시 인간만 할 수 있었지요. 그런데 이제는 인공 지능도 그런 일을 할 수 있게 되었습니다. 여러분은 인류 역사상 처음으로 인간과 대화가 가능하고, 없었던 것을 창작할 수 있는, 진정한 의미의 인공 지능을 경험하는 첫 세대입니다.
이제 어떤 세상이 펼쳐질까요? 미래는 아무도 모릅니다. 중요한 건 여러분은 앞으로 인공 지능과 함께 일하고, 생활하고 또 경쟁도 해야 한다는 것이지요. 〈생각의 탄생〉 일곱 번째 권인 『인공 지능과 미래』 편을 통해 여러분의 인생에서 중요한 역할을 하게 될 인공 지능과 친해질 수 있기를 기대해 봅니다.

김대식, KAIST 전기 및 전자공학부 교수

〈생각의 탄생〉을 시작하며… 4

인간과 대화하는 똑똑한 컴퓨터, 인공 지능 5

1 온 세상이 깜짝! 인공 지능이 뭔데? 12

- 챗지피티가 대체 뭐길래?
- 인공 지능이 곧 로봇은 아니야
- 인간 대신 계산하는 기계가 있었으면!
- 기계가 사람처럼 생각할 수 있을까?

생각 발견 튜링이 만든 튜링 테스트

- 인공 지능을 본격적으로 연구하다

2 인공 지능이 탄생하기까지 30

- 사람의 뇌를 모방해 볼까?
- 전문가 시스템 나와라!
- 기계 학습으로 더 똑똑해졌다고?
- 디프 러닝, 인공 지능 스스로 공부한다!
- 두둥, 빅 데이터의 등장

생각 발견 허사비스, 알파고로 디프 러닝의 위력을 보여 주다!

3 인공 지능, 어디까지 왔니? 50

- 세탁기, 너도 인공 지능이라고?
- 왓슨, 내 병을 진단해 봐
- 인공 지능이 운전도 한다고?
  - 💡 생각 발견 일론 머스크, 완전 자율 주행 차에 도전하다!

인공 지능이 인류를 위협할까? 62

- 강한 인공 지능이냐, 약한 인공 지능이냐
- 강한 인공 지능이 반란을 일으키면 어쩌지?
  - 💡 생각 발견 아시모프가 구상한 로봇의 3원칙
- 인공 지능은 규칙을 지켜라!

5 인공 지능과 더불어 살아가려면 72

- 인공 지능이 다 하면 공부할 필요 없겠네?
- 넘보지 마라! 사람만 할 수 있는 일
- 인공 지능, 가상 인간, 메타버스가 펼칠 세상

📁 생각 정리 인공 지능과 인간의 미래 84

궁금증 상담소 88

손바닥 교과 풀이 90

챗지피티가 대체 뭐길래?

얼마 전에 온 세상 사람이 깜짝 놀란 인공 지능이 하나 등장했어. 바로 인간과 대화하는 챗지피티(ChatGPT)라는 거야. 챗지피티에게 궁금한 걸 물어보면 어떤 질문이라도 5초 안에 뚝딱 답을 내놓아. "한국에서 가장 유명한 가수는 누굴까?" 하고 물어보았더니 챗지피티는 이렇게 자세하게 대답해 줬어.

"한국에서 가장 유명한 가수는 현재로서는 방탄소년단(BTS)이라고 할 수 있어요. 방탄소년단은 케이팝 그룹으로, 그들의 음악과 춤, 뮤직비디오 등이 전 세계적으로 사랑받고 있어요."

챗지피티는 좀처럼 모른다는 말을 하지 않아. "초등학교 3학년 수준으로 시를 써 줄래?"라고 부탁해도 모니터 속 기계는 마치 잠

깐 고민하는 듯 커서를 몇 번 깜빡이고는 금세 글을 만들어.

주문하는 대로 막힘없이 결과물을 만들어 낸다고 해서 챗지피티를 '생성형 인공 지능'이라고 불러. 물론 챗지피티의 답이 항상 옳은 것은 아니야. 하지만 복잡한 컴퓨터 언어가 아닌 '인간의 언어(자연어)'로 기계와 이야기를 나눌 수 있게 된 건 정말 놀라운 일이야.

인공 지능이 곧 로봇은 아니야

챗지피티가 열어젖힌 인공 지능 열풍은 좀처럼 식을 줄을 몰라. 그런데 대체 인공 지능이 뭘까?

인공 지능 하면 사람들은 흔히 영화나 애니메이션에서 많이 본, 사람처럼 움직이는 로봇을 떠올려. 하지만 인공 지능이 곧바로 로봇은 아니야. 인공 지능 기능은 세탁기, 자동차 등 여러 기기에 갖출 수 있거든.

인공 지능은 말 그대로 인공적으로 만들어 낸 기계의 지능을 뜻해. 생각하고, 학습하고, 판단하고, 행동하는 인간의 지적 능력을 컴퓨터 프로그램으로 구현한 거야. 즉 컴퓨터 스스로 판단하고 행동하도록 하는 것이 인공 지능이라고 할 수 있어.

이때 컴퓨터에서 중요한 것은 소프트웨어야. 컴퓨터는 하드웨어와 소프트웨어로 되어 있어. 하드웨어는 형태가 있어서 만질 수 있는 기계 장치야. 키보드, 모니터, 마우스 같은 거지. 소프트웨어는 형태가 없어. 게임과 같은 프로그램이 바로 소프트웨어지. 소프트웨어 덕분에 컴퓨터는 계산·기억·검색 같은 여러 가지 일을 할 수 있어. 소프트웨어가 없다면 컴퓨터는 고철 덩어리나 다름없지.

여기 있는 것이 다 인공 지능이야.

인간 대신 계산하는 기계가 있었으면!

 인간을 대신해서 일을 해 주는 기계에 대한 열망은 예전부터 있었어. 그래서 많은 사람이 여러 가지 기계를 발명하려고 시도했지. 처음에는 단순한 계산을 하는 기계를 발명했어. 예를 들어 1642년에 프랑스의 블레즈 파스칼이라는 사람은 덧셈과 뺄셈이 가능한 '기계식 계산기'를 발명했어. 1672년에는 독일의 고트프리트 라이프니츠가 이 계산기를 곱셈과 나눗셈도 가능하도록 개선했지. 이들 기계는 연산만을 하는 게 전부였어.

 그럼 지금 우리가 아는 것과 비슷한 전자식 기계인 컴퓨터는 언제 나왔을까? 1946년 미국에서 개발한 에니악(ENIAC)이 인류 최초의 컴퓨터라고 알려져 있어. 기계식 계산기는 톱니바퀴, 기어 등

의 기계 장치를 이용해 수동으로 계산을 해. 반면 전자식 컴퓨터는 전자 회로를 이용해 자동으로 계산하지. 컴퓨터가 기계식 계산기보다 뛰어난 점은 속도였어. 기계식 계산기는 1초에 덧셈을 3번밖에 못 했지만 에니악은 5000번이나 했어. 무척 빠른 속도였지. 기억 용량이 적어 다양한 목적으로 사용할 수는 없었지만 말이야.

인류 최초의 컴퓨터 에니악

'컴퓨터'라는 말이 본격적으로 등장한 것은 1940년대 미국에서야. 그때 컴퓨터는 계산원, 즉 '계산을 전문으로 하는 여자'를 가리켰어. 컴퓨터가 기계가 아니라 사람을 가리키는 말이었다니 특이하지? 게다가 왜 콕 집어서 여자일까? 여기에는 사연이 있어.

제2차 세계 대전 때, 적에게 대포를 정확히 쏘기 위해서는 위치를 정확히 계산해야 했어. 그런데 당시 남자들은 거의 다 전쟁터에 나가고 없었어. 여자들이 그 계산을 할 수밖에 없었지.

한 사람이 하면 혹시 틀린 답이 나올지도 모르잖아? 그래서 팀을 짜서 똑같은 계산을 계산기로 한 뒤 서로의 값을 맞춰 나갔어. 이때 그 계산을 하는 여자들을 컴퓨터라고 부른 거야.

그러다가 컴퓨터는 점차 사람이 아니라 기계를 가리키게 되었어. 컴퓨터가 처음 나왔을 때는 지금과 다르게 계산만 했어. 수동 기계식 계산기보다 훨씬 빨리 자동으로 계산한다는 게 달랐을 뿐이지. 그래서 계산기를 뜻하는 컴퓨터라는 이름이 기계에 붙게 된 거야.

에니악은 정보를 어떻게 처리했을까?

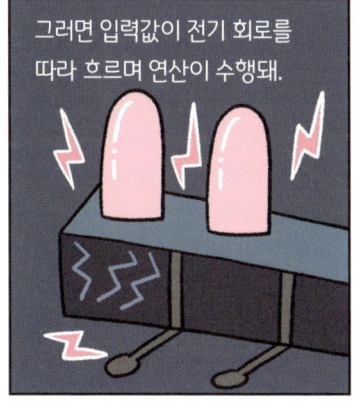

기계가 사람처럼 생각할 수 있을까?

 컴퓨터의 구성 요소 중 하드웨어는 크게 컴퓨터 내부의 중앙 처리 장치(CPU), 기억 장치(memory), 외부의 입력 장치(키보드·마우스), 출력 장치(모니터·프린터·스피커)로 되어 있어. 여기서 가장 중요한, 컴퓨터의 두뇌 역할을 하는 건 중앙 처리 장치야. 중앙 처리 장치는 키보드를 통해 입력된 정보를 계산하고 해석하지.

 사람에게 뇌가 없으면 생각이나 판단을 할 수 없잖아? 컴퓨터도 마찬가지야. 중앙 처리 장치 없이는 아무런 기능을 하지 못해. 이 중앙 처리 장치가 부착되면서 인공 지능의 시초가 되는 컴퓨터가 개발되기 시작했어.

 인공 지능에 대한 아이디어를 본격적으로 떠올린 사람은 앨런 튜링이라는 영국의 수학자야. 튜링은 '기계가 생각할 수 있을까?'라는 간단한 질문을 던져 보았어. 그리고 그 답을 찾아보았지. 1950년에는 「계산 기계와 지능」이라는 논문을 발표했는데 이 논문에는 생각하는 기계가 가능할 수 있다는 내용이 담겨 있었어.

튜링이 만든 튜링 테스트

수학자 튜링은 제2차 세계 대전 때 이미 그 이름을 널리 떨쳤어.

전쟁 당시 독일군은 '에니그마'라는 기계로 복잡한 암호를 만들어 썼어.

그 덕분에 독일군은 유럽을 거의 차지할 만큼 힘이 셌지.

인공 지능을 본격적으로 연구하다

튜링 테스트를 연구할 때, 튜링은 '인공 지능'이라는 말을 쓰지는 않았어. 인공 지능이란 단어가 세상에 널리 알려지게 된 것은 그 후 '다트머스 회의'를 통해서야. 1956년 여름, 수학·심리학·컴퓨터 과학 등 다양한 분야의 전문가 10명이 미국 다트머스대학교에 모였어. '스스로 생각하는 능력을 갖춘 기계'를 연구하기 위해서였지. 이 자

리에서 미국의 과학자 존 매카시가 말했어.

"사람과 비슷한 수준의 지능을 갖춘 컴퓨터를 '인공 지능'이라고 합시다!"

다른 학자들도 이 제안을 받아들였고 이렇게 인공 지능이란 용어가 탄생했어. 회의가 끝난 뒤 학자들은 희망으로 들떴어.

1959년, 존 매카시와 마빈 민스키, 두 과학자는 매사추세츠공과대학(MIT)에 최초로 '인공 지능 연구소'를 세우고 연구를 시작했지. 초기에는 촉각을 느끼거나 물건을 들어 올리는 로봇 팔이나, 로봇의 눈 역할을 하는 장치를 개발하면서 기계가 어떻게 인간의 감각과 인지 능력, 지능을 가질 수 있는지 연구했어. 이러한 사실이 널리 알려지면서 많은 과학자가 인공 지능 개발에 뛰어들었어.

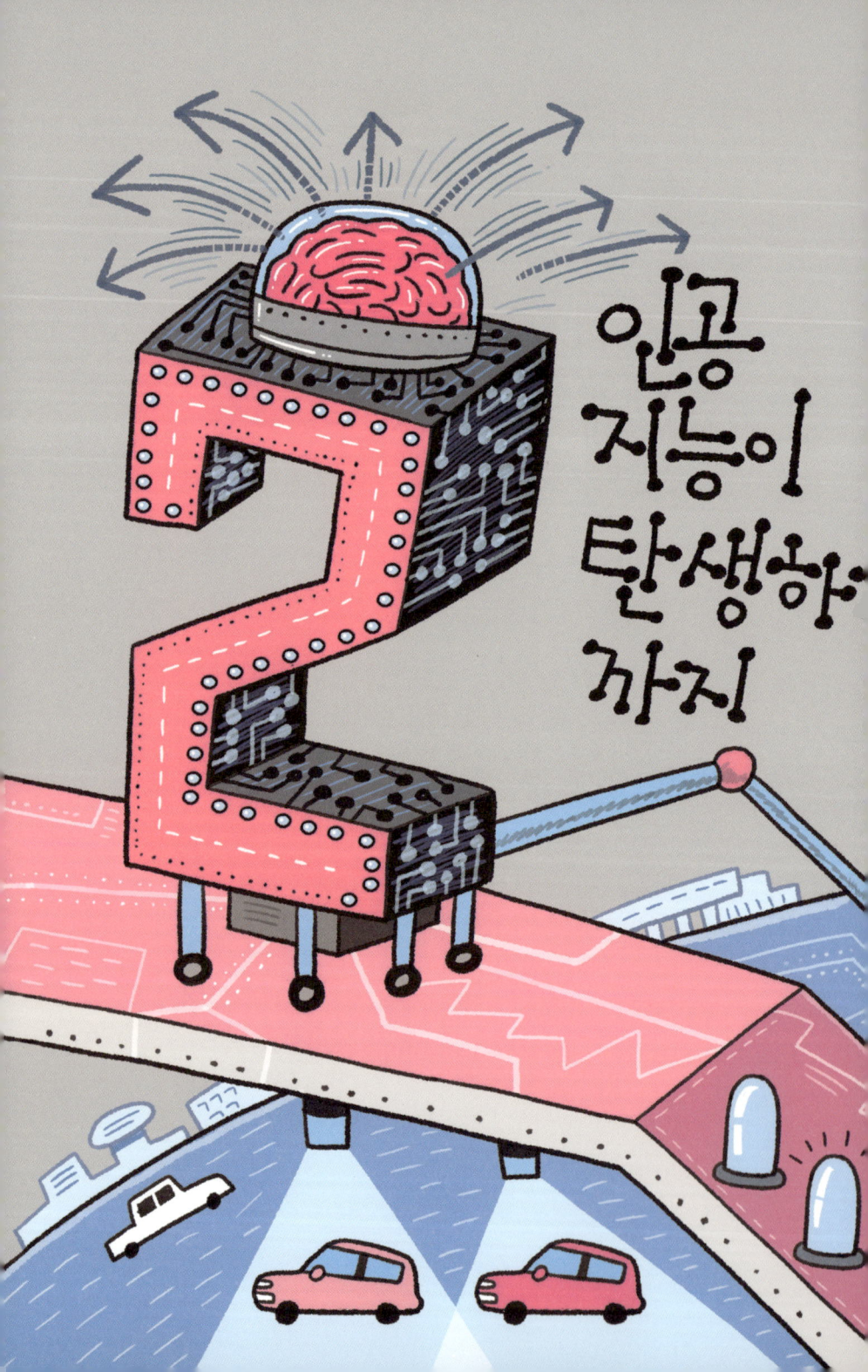

사람의 뇌를 모방해 볼까?

　인공 지능은 사람의 지능을 갖춘 컴퓨터잖아. 그런데 사람의 지능을 갖추려면 사람의 뇌를 모방해야겠지? 그래서 학자들은 먼저 뇌세포를 살펴보았어. 사람의 뇌에는 1000억 개가 넘는 신경 세포가 아주 복잡하게 연결되어 있어. 그리고 이 신경 세포들을 연결하는 부위를 시냅스라고 해. 우리가 눈으로 보고 귀로 듣는 모든 정보를 인식할 수 있는 것은 이 신경 세포와 시냅스 덕분이야.

　예를 들어 내가 구름을 보았다고 해 봐. 이때 시각 정보인 구름은 먼저 전기 신호로 바뀌어 뇌로 전달돼. 그러면 신경 세포에서 이 신호 패턴을 받아들이고, 신호가 일정한 크기(구름 이미지가 완성될 정도의 크기)가 되면 시냅스를 통해 구름의 정보를 출력해. 그래서 우리가 구름을 인식할 수 있는 거야.

  미국의 학자 프랭크 로젠블랫은 이를 흉내 낸 인공 지능을 만들고 싶었어. 그래서 1957년에 단층 퍼셉트론이라는 인공 신경망을 생각해 냈어. 이 인공 신경망은 인공 신경 세포(입력층)에서 값을 여러 개 입력받아 시냅스(출력층)를 통해 하나의 값으로 출력했지.

예를 들어 볼까? 인공 신경망으로 개를 알아보는 과정을 생각해 보자. 이때 판단에 꼬리가 더 중요하다고 생각하면 그 값이 높아질 수 있어. 반면 개와 고양이 모두 통통할 수도 날씬할 수도 있는 몸은 덜 중요해서 값이 낮아질 수 있어. 이렇게 여러 입력 신호(꼬리, 몸통 등)를 받아서 일정한 값이 넘으면 '개'라는 하나의 값으로 출력하는 거야.

학습하는 인공 신경망이 등장하자 당시 언론은 마치 괴물이 탄생한 것처럼 기사를 쏟아냈어. 국가의 막대한 투자도 이어졌지. 그러나 기쁨은 오래가지 못했어. 3년 후 로젠블랫의 고등학교 동창인 마빈 민스키가 들뜬 분위기에 찬물을 끼얹었었거든.

민스키는 입력층이 출력층으로 바로 이어지는 단층 퍼셉트론으로는 컴퓨터가 물체를 구별하는 능력을 제대로 학습할 수 없다는 걸 당당하게 입증했어.

그렇다고 로젠블랫의 단층 퍼셉트론이 실패작이라는 건 아니야. 이는 이후 인공 지능이 더 발전하는 데에 도움이 되었으니까.

인공 신경망이 정보를 인식하는 과정

전문가 시스템 나와라!

　로젠블랫의 일에서 보듯이 인간의 지능을 흉내 낸 컴퓨터를 개발하는 건 정말 어려운 일이었어. 학자들은 처음엔 조금만 연구하면 금세 될 줄 알았어. 하지만 그건 마치 바닷가의 모래알을 맞춰서 빈틈없는 바윗돌을 만드는 것이나 다름없었어.

　그래서 과학자들은 인간의 뇌와 똑같은, 넓은 범위의 막연한 인공 지능보다는 특정 분야에서 인간을 모방한 '전문가 시스템'을 개발하는 쪽으로 방향을 바꿨어.

　전문가 시스템이란 특정 분야 전문가의 지식을 저장한 뒤 이를 활용해서 복잡한 문제를 풀거나 의사 결정을 할 수 있도록 만든 프로그램을 말해. 예를 들어 감기를 진단하는 프로그램을 만들려면

 '감기에 걸린 사람은 대부분 열이 많이 나고 기침을 한다.'와 같은 관련 지식을 많이 저장해 두는 거야.

 전문가 시스템은 컴퓨터가 스스로 학습해서 판단하는 인공 지능은 아니야. 사람이 일일이 전문 분야의 규칙을 입력해 두면 컴퓨터는 그 규칙에 따라 일부 기능만 수행하지.

기계 학습으로 더 똑똑해졌다고?

　사람들은 전문가 시스템에 만족하지 않았어. 스스로 규칙을 인식해 일을 처리하는 더욱 똑똑한 기계가 나타나길 기대했어. 그 기대를 저버리지 않고 채워 준 것이 바로 '기계 학습'이야. 인공 지능의 기능을 구현하기 위해 기계를 학습시키는 기술이지.

　기계 학습은 주로 패턴을 인식하는 학습법이야. 우리가 똑같은 물건을 자주 보게 되면, 볼 때마다 눈에서 뇌로 전달된 정보는 신경 세포들 사이에서 똑같은 신호 패턴을 반복적으로 일으키지. 그 때문에 뇌는 반복 학습을 하게 되고 기억을 하게 돼. 기계의 인공 신경 세포들도 똑같아. 신호 패턴을 주고받으면서 학습하고 그 과정에서 더 똑똑해져.

그런데 기계 학습을 하는 컴퓨터는 똑똑한 것 같지만 멍청구리이기도 해. 사람은 쉽게 할 수 있는 작업을 못 할 때가 있거든.

예를 들어 어린이도 척 보면 아는 고양이와 개를, 컴퓨터는 잘 구분하지 못해. '털이 복슬복슬한 꼬리', '네 다리로 걷기', '뛰어난 후각' 같은 개 관련 정보를 입력해도 고양이라고 엉뚱하게 대답하거나 다른 동물 이름을 댈 때도 많아. 이런 특징이 있는 동물이 많기 때문이야.

그래서 처음에 기계 학습으로 인공 지능을 만들 때는 개가 어떤 동물인지 알려 주기 위해 개의 시시콜콜한 특징 수천 개를 뽑아내서 사람이 컴퓨터 코드(기호)로 한 줄 한 줄…… 수천 줄까지 작성했어. 그랬는데도 조금만 자세가 바뀐 다른 강아지 사진을 보여 주면 개인 줄 몰라! 컴퓨터에 갈색 강아지 사진을 입력하면 '초콜릿'이라고까지 답을 한다니까.

과학자들은 답답했어. 개를 쉽게 알아보도록 컴퓨터를 가르칠 방법이 없을까? 도대체 인간의 뇌는 어떻게 작동하기에 한눈에 강아지를 알아보는 걸까?

디프 러닝, 인공 지능 스스로 공부한다!

그런 고민 끝에 해결사로 기세등등하게 등장한 것이 디프 러닝(deep learning)이라는 기술이야. 디프 러닝은 인공 신경망을 이용하는 기계 학습의 일종이야. 2006년 캐나다 토론토 대학교의 제프리 힌턴 교수가 처음 만들었지. 기계 학습에서는 개의 특징을 사람이 컴퓨터 코드로 작성했다면, 디프 러닝에서는 기특하게도 사람 도움 없이 컴퓨터 스스로 정보를 찾아 학습해. 사람이 개입하느냐 안 하느냐가 그냥 기계 학습과 디프 러닝의 차이점이지.

디프 러닝은 개를 구별하는 문제도 해결했어. 이때 '다층 퍼셉트론'을 활용했지. 다층 퍼셉트론은 입력층과 출력층 사이에 여러 층을 쌓아 만든 인공 신경망인데, 이 여러 층에서 데이터를 걸러 내.

층이 깊다고 해서 심층 학습, 깊은 학습으로도 불려. 앞서 말한 챗지피티도 이 디프 러닝 기술로 훈련받았어.

사람 뇌의 신경 세포도 여러 층으로 복잡하게 연결되어 있어. 그래서 생각하고, 기억하고, 느끼고, 창조하는 모든 일에 관여할 수 있는 거야. 디프 러닝을 하게 되면서 인공 지능은 이제 개가 하품을 해도, 거꾸로 서 있어도 개를 구별해 낼 수 있게 되었어!

두둥, 빅 데이터의 등장

디프 러닝을 할 때는 데이터가 많을수록 똑똑해져. 예를 들어 어제와 오늘 날씨만 아는 사람과, 지난 일주일 동안의 날씨, 작년 이맘때의 날씨, 거기에 습도와 기온까지 아는 사람 중에서 누가 더 내일 날씨를 잘 예측할까? 당연히 두 번째 사람이겠지? 디프 러닝의 원리가 바로 그와 같아.

실제로 인공 지능이 개 한 마리를 학습할 때 개 사진이 1000만 장쯤 필요해. 그럼 대체 그 많은 데이터를 어디서 구한다지?

걱정할 필요 없어. 전 세계 사람이 매일 다양한 사진을 찍어서 인터넷에 올리잖아. 키우는 동물과 식물, 새로 산 옷, 가방 등등 갖가지 사진이 매분 매초 올라와. 옷을 잘 입는 법부터 친구들과 싸운

이야기까지 시시콜콜한 글도 마구 쏟아지지. 백과사전도 다 인터넷에 올라와 있잖아? 이렇게 만들어지는 방대한 데이터를 '빅 데이터'라고 해. 그런 게 모두 딥 러닝의 데이터가 돼.

  2016년, 사람들이 빅 데이터로 학습한 딥 러닝의 위력을 깨닫게 되는 사건이 벌어졌어. 허사비스가 만든 인공 지능 바둑 프로그램 '알파고'가 바둑 기사 이세돌 9단을 꺾어 버린 거야!

다 학습해 버리겠다!

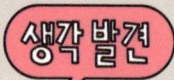

허사비스, 알파고로 디프 러닝의 위력을 보여 주다!

알파고와 이세돌의 대결로 알파고는 인공 지능계의 슈퍼스타가 되었어. 덩달아 알파고를 만든 데미스 허사비스도 유명해졌지.

허사비스는 어린 시절 체스 천재였어. 열세 살에 세계 대회에서 2위에 오를 정도였지.

고등학교 졸업 후 직접 게임을 개발하던 허사비스는 인공 지능에 큰 관심을 갖게 되었어.

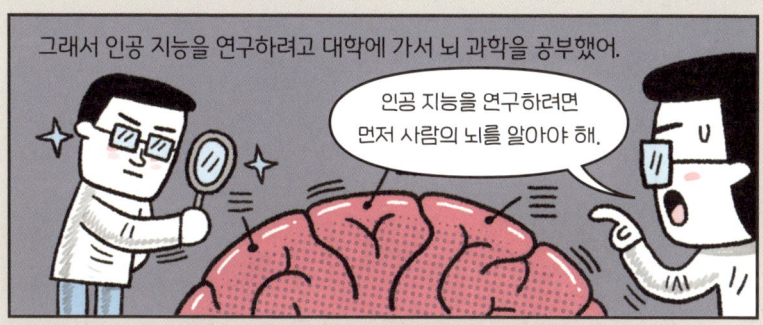

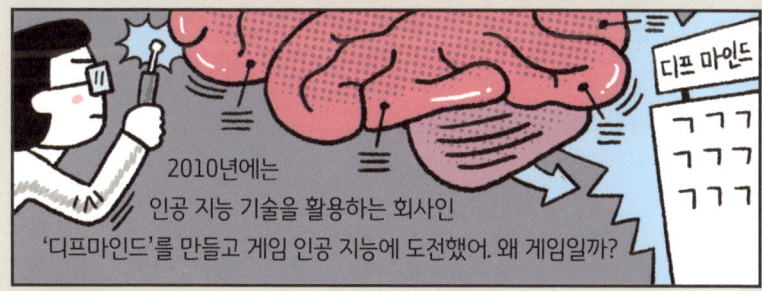

그리고 사람 바둑 기사와 인공 지능의 대국을 열어 보기로 했지.

대회 전, 알파고는 아마추어 기사들이 인터넷에서 둔 바둑 기보 16만여 건을 학습했어.

3 인공 지능, 어디까지 왔니?

세탁기, 너도 인공 지능이라고?

 인공 지능은 이미 우리 일상에 깊숙이 들어와 있어. 세탁기를 한번 볼까? 요즘엔 인공 지능 세탁기가 나와 있어. 사람이 전원 버튼만 누르면 세탁물 무게를 감지해서 알맞은 양의 세제를 자동으로 넣고, 세탁물의 오염도를 체크해서 헹굼 횟수까지 조절하지. 사람이 "인공 지능 맞춤 세탁 부탁해!"라고 말하면 세탁기가 이렇게 대답하는 걸 들을 수 있어.

 "오염도가 높게 감지돼 세탁과 헹굼을 추가했어요. 35분 후 세탁이 완료됩니다."

 어디 이뿐이겠어? 섬유 재질에 따라 세탁 방법을 다르게 해 옷을 보호해 주기도 하지. 세탁기에 속옷, 겉옷, 셔츠 같은 여러 가지 세탁물을 넣으면, 각각의 옷 무게를 감지한 후 빅 데이터를 활용해 재질을 판단해. 그리고 그에 맞게 말끔하게 세탁해 줘.

　세탁이 끝나면 바로 위에 놓인 건조기가 인공 지능 맞춤 건조를 준비하고 있다가 바싹 말려 줘. 건조를 마친 건조기에 "30분 뒤에 세탁물 찾아갈게." 하고 말하니까 신기하게도 "구김 방지 기능을 실행할게요." 하고 대꾸하더라고. 인공 지능 덕분에 빨래가 무척 쉬워졌지?

왓슨, 내 병을 진단해 봐

전문가들의 영역이라고 생각했던 분야에도 인공 지능이 속속 도입되고 있어. 대표적인 것이 바로 의학 분야야.

몸이 아파 병원에 들렀는데 인공 지능 의사와 마주하게 된다면 어떨까? '그 진단 믿어도 될까?' 하고 고개를 갸우뚱할 수도 있을 거야. 하지만 환자의 증상을 하나하나 읊으며 병명을 진단하고 치료법을 제안해 주면 깜짝 놀랄걸. 실제로 이런 인공 지능이 있어.

바로 아이비엠(IBM) 회사에서 만든 '닥터 왓슨'이야. 암 전문 왓슨, 방사선 전문 왓슨, 당뇨병 전문 왓슨 등 여러 왓슨이 의사들을 돕고 있지.

이런 일을 하기 위해 왓슨은 의학 저널 290여 종, 의학 교과서

200여 종, 최신 논문 60만여 건, 의학 전문 자료 1200만여 쪽을 학습했대. 그러고는 뉴욕의 암 센터에서 전문의 과정을 거치면서 실제 사람 의사들이 하는 암 환자 진료와 치료 과정까지 습득했대.

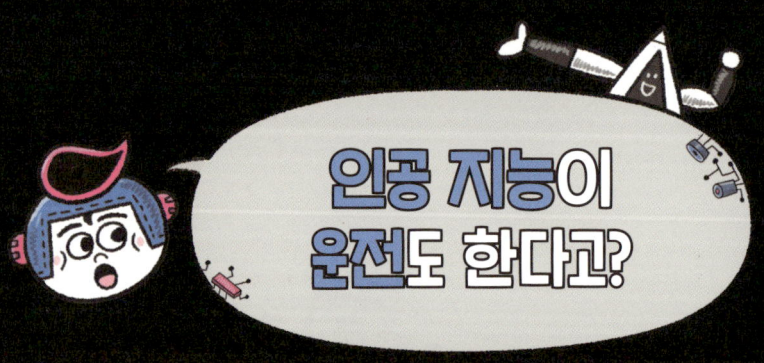

인공 지능이 운전도 한다고?

앞으로는 어떤 인공 지능이 등장해서 우리를 또 한 번 깜짝 놀라게 할까? 최근 사람들이 관심을 가지고 기다리고 있는 인공 지능은 바로 자율 주행 차야. 사람이 운전하지 않아도 알아서 움직이는 차. 그런 차가 정말 곧 도로 위를 달리게 될까?

사실 지금도 그런 차가 있어. 하지만 아직 운전석에 사람이 없는 차는 보지 못했을 거야. 지금은 부분적으로만 자동화된 2단계 차량만 있거든.

자율 주행 기능은 모두 6단계(0단계: 비자동화, 1단계: 운전자 지원, 2단계: 부분 자동화, 3단계: 조건부 자동화, 4단계: 고도 자동화, 5단계: 완전 자동화)로 구분되어 있어. 2단계인 부분 자동화는 굽은 길에 들어서거나 차선을 변경할 때 핸들을 조정하고, 고속 도로처럼 직선 도로를 달릴 때 앞차와의 간격을 유지하는 정도의 수준이야. 이제 2단계인데 언제 5단계까지 갈 수 있을까? 그리 머지않을지도 몰라. 일론 머스크가 이끄는 미국 기업 테슬라를 비롯해 여러 회사에서 자율 주행 차를 연구하는 중이거든.

머스크는 무모해 보이는 도전을 계속하고 있어. 인류를 위해서일까? 그런 거창한 이유 때문이 아니야.

세상을 변화시키거나 미래에 인류에게 영향을 미칠 신기술에 관심이 많아서야.

돈이 아니라 '얼마나 중요한 문제를 풀었느냐'가 머스크가 생각하는 성공의 기준이래.

돈은 성공의 기준이 아니죠!

사람들은 머스크에 대해 이렇게 말해.

자신의 아이디어에 온몸을 불사르고 한순간도 낭비하지 않는군.

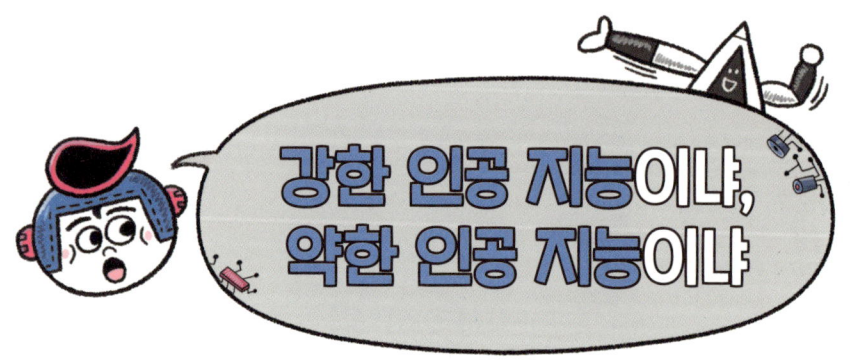

강한 인공 지능이냐, 약한 인공 지능이냐

세상에 한번 나온 기술은 없던 일로 되돌릴 수가 없어. 인공 지능도 그래. 기계식 계산기에서 출발했던 기술이 이제는 인간의 지능을 뛰어넘으려 하고 있고, 다시 그 전으로 갈 수는 없지. 그럼 미래에는 정말로 인간을 능가하는 인공 지능이 나올까?

인공 지능에는 약한 인공 지능과 강한 인공 지능이 있어. 약한 인공 지능은 미리 정의한 규칙에 따라 특정 문제를 해결하는 인공 지능을 말해. 자아는 없으면서 특정 분야만 아주 잘하지. 챗지피티는 대화만 잘해. 알파고는 바둑만 잘 두고, 닥터 왓슨은 의사 일만 잘

하지. 내비게이션도 길 안내만 잘하지. 모두 약한 인공 지능이야.

  강한 인공 지능은 사람처럼 스스로 생각해서 문제를 해결하는 인공 지능을 말해. 혹시 영화에서 사람의 명령을 거부하거나, 명령을 안 했는데도 알아서 척척 움직이는 로봇을 본 적 있어? 이런 인공 지능은 대부분 강한 인공 지능이야. 자아가 있어. 감정이나 마음도 있어서 사람과 싸우다가 대화로 풀기도 하지. 아직 이런 강한 인공 지능은 세상에 나오지 않았어. 영화 속에만 있지.

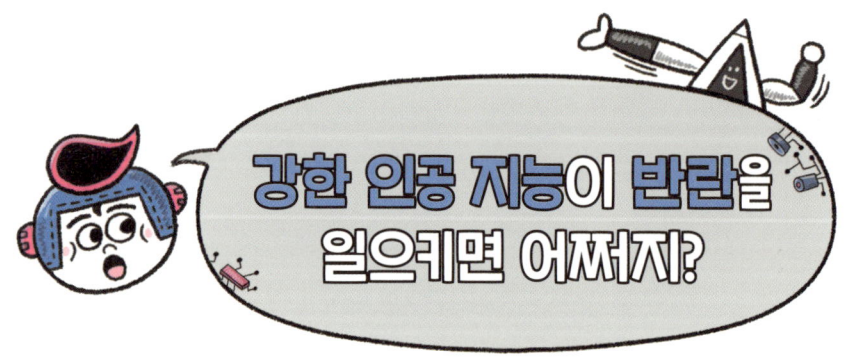

강한 인공 지능이 반란을 일으키면 어쩌지?

인간을 지키라고 만든 로봇이 거꾸로 인간을 공격하는 일, 영화에는 가끔 등장해. 과연 계속 영화 속 이야기이기만 할까?

세계적인 물리학자 스티븐 호킹 박사는 100년 안에 로봇이 인간을 지배하게 될 거라고 경고했어. 또 일론 머스크는 "인공 지능 연구는 악마를 불러오는 것과 다름없다."라는 충격적인 발언을 했지. 마이크로소프트의 기술 고문 빌 게이츠도 "인공 지능의 발전이 인류에게 위협이 될 수 있다."라고 말했어.

최근엔 디프 러닝을 만든 힌턴까지 인공 지능의 위협을 알렸어. 인공 지능이 빅 데이터에서 예상치 못한 행동을 학습하는 경우가 많아서 인류에게 위협이 될 수 있다는 거야. 그래서 이에 대비할 방법을 고민하고 있어.

　반대로 이 같은 예측은 지나친 우려에 불과하다는 의견도 있어. 인공 지능이 스스로 판단해 특정한 목적으로 사람을 해칠 정도의 수준에 도달했을 때는, 이미 인간이 어떤 식으로든 인공 지능 안에 안전장치를 해 놓을 만큼 기술이 발전했을 거라는 거지. 오히려 경계해야 할 것은 강력해진 인공 지능 능력을 나쁜 쪽으로 이용하려는 인간의 욕망이라고 해.

 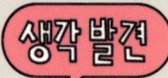

아시모프가 구상한 로봇의 3원칙

인공 지능이 나오기도 전에, 일찍부터 로봇의 반란을 우려했던 사람이 있어. 바로 과학 소설가 아이작 아시모프야.

아시모프는 로봇이 등장하는 소설을 구상하면서 '아직 완벽하지 않은 로봇들이 일으킬 사고'를 예견했어.

어떻게 하면 로봇을 효과적으로 통제할 수 있을까?

고민 끝에 아시모프는 1942년에 '로봇 3원칙'을 만들었어. 이 세 가지 원칙을 지켜서 로봇을 설계한다면 언제든 인간이 로봇을 통제할 수 있다는 거였어.

1원칙. 로봇은 인간을 다치게 해서는 안 되고, 인간이 다치는 걸 보고 있기만 해서도 안 된다.

너, 사람 공격하지 마!

인공 지능은 규칙을 지켜라!

이제 우리는 고민할 때가 됐어. 인공 지능과 함께 행복하게 살아갈 방법 말이야. 반란이 두렵다고 인공 지능 기술을 포기하기엔 그 성능이 너무 뛰어나고, 편리하다고 통제를 하지 않기엔 위험이 더 커질 수 있으니까.

과학자들도 이에 대비하고 있어. 최근에는 로봇이 인간보다 높은 지능을 가지거나 로봇이 하나의 종(種)으로 진화할 상황에 대비해 2대 규약을 새롭게 만들었어. 그 2대 규약이란 바로 이거야.

첫째, 로봇은 생명체를 해치거나 죽도록 방치하지 않는다.

둘째, 로봇은 인간이 정한 기준을 벗어나서 자신과 다른 로봇을 고치거나 개조할 수 없다.

첫째는 얼핏 당연해 보이는데 둘째는 조금 특이하지? 이 조항도 조금만 더 생각해 보면 금세 이해할 수 있어. 인간만 고장 난 로봇을 수리하거나 새롭게 만들 수 있다면 로봇이 반란을 일으킬 일은 없겠지? 좋든 싫든 미래에 인공 지능 로봇과 친구처럼 지내는 세상을 만들려다 보니 이런 규약이 나왔어.

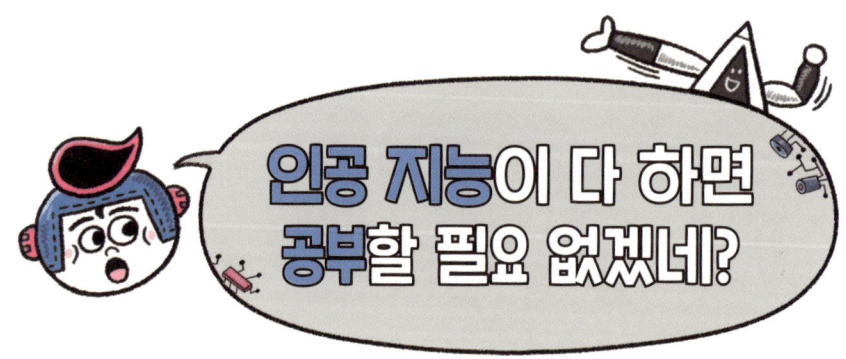

인공 지능은 우리가 해야 할 공부를 다 해 줘. 그림도 그려 주고, 글도 써 주고, 수학 문제도 풀어 주고, 한국어를 영어로 번역도 해 줘. 이렇게 인공 지능이 다 해 주는데 우리가 굳이 공부를 할 필요가 있을까?

단순히 지식을 외우는 일은 이제 우리가 아무리 열심히 해도 인공 지능을 이길 수 없을 거야. 하지만 '인공 지능이 내놓은 결과가 옳은지 그른지 판단할 수 있는 능력'을 키우는 공부는 더 많이 해

야 해. 챗지피티 같은 생성형 인공 지능은 통계적으로 결과를 내기 때문에 틀린 답이 나올 수 있거든.

　영어 공부도 필요해. 물론 인공 지능 음성 번역기는 내가 하는 말을 듣고 동시에 다른 언어로 번역을 해 주긴 해. 하지만 언어에 담긴 미세한 내 감정까지 전달하는 것은 아니야. 그래서 사람과 사람이 직접 대화할 때의 따뜻한 느낌을 나누면서 다른 나라 친구들을 사귀려면 여전히 영어가 필요해. 인공 지능 시대에도 공부가 필요 없는 세상은 결코 오지 않을 거야.

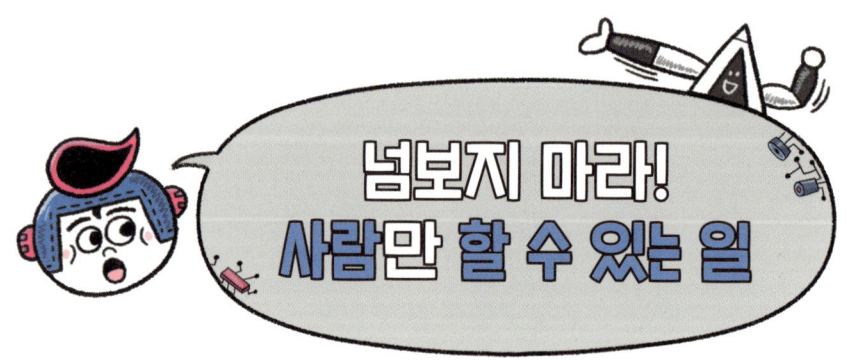

넘보지 마라! 사람만 할 수 있는 일

'인공 지능 시대에 사람이 공부할 필요가 있을까?' 하는 질문과 비슷한 질문이 있어. 바로 '인공 지능 시대에 사람이 일을 할 필요가 있을까?' 하는 질문이야. 앞의 질문에는 기대가 담겨 있다면 뒤의 질문에는 걱정이 담겨 있어. 사람이 할 일이 없어지면 당장 어떻게 먹고살지 걱정되잖아.

다행히 인공 지능 시대에도 사람만 할 수 있는 일이 있어. 사람에게는 인공 지능이 쉽게 흉내 낼 수 없는 능력이 있거든. 사람만이 가진 고유한 능력에는 어떤 것이 있을까?

첫째, 호기심을 가지고 질문하는 상상력이야. 엄마랑 공원을 걷던 한 아이가 나무를 세게 쪼는 딱따구리를 보고 "엄마, 저 딱따구리는 왜 나무를 쪼아요? 저렇게 계속 쪼아 대는데 왜 부리가 안 부러져요? 왜 머리는 안 아파요?" 하고 물어보는 장면을 상상해 봐. 과연 인공 지능이 호기심을 갖고 이런 질문을 할 수 있을까? 상상력을 펼치는 질문은 다른 세계로 나아가는 단계이기도 해.

둘째, 새로운 것을 창조하는 창의력이야. 인공 지능은 인간이 만든 데이터를 활용해 작업하기 때문에 짜깁기해서 만들어 낼 뿐이야. 그래서 디자이너, 만화가, 건축가처럼 새로운 창작물을 만들어 내는 사람들은 앞으로도 미래를 이끌어 나갈 가능성이 높아.

셋째, 다른 사람의 아픔에 공감하는 능력이야. 인공 지능은 공감력이 떨어져서 인간의 마음을 깊게 헤아리지 못해. 그렇기 때문에 사람의 복잡한 마음을 다뤄야 하는 간호사, 심리 상담사 등은 앞으로도 꼭 필요해. 지금은 간호사라고 부르는 한 가지 직업이, 미래에는 인공 지능이 할 업무와 인간만이 할 업무로 나뉠 수도 있어.

넷째, 옳고 그름에 대한 '판단력'이야. 이런 판단이 필요한 일은 여전히 인간이 해야 해. 판사의 판결처럼 한 사람의 운명이 달린 문제를 인공 지능에 온전히 맡겨서는 안 돼. 자칫 오판을 한다면 무척 위험하니까. 또 인공 지능의 예절과 윤리도 인간이 판단해야 할 몫이야.

인공 지능, 가상 인간, 메타버스가 펼칠 세상

"진짜 사람일까, 아닐까?"

티브이 광고, 유튜브, 소셜 미디어에서 활동하는 가상 인간들을 보면 사람과 너무 똑같이 생겨서 헷갈릴 때가 있지? 이런 가상 인간을 '메타 휴먼' 또는 '디지털 휴먼'이라고도 해. 실제로는 존재하지 않는 가상 인간은 어떻게 만들까?

먼저 3D(입체) 컴퓨터 그래픽으로 여러 사람의 얼굴을 합성해 가상의 얼굴을 만들어. 그런 다음 여기에 인공 지능 알고리즘, 빅 데이

가상 인간

터 분석, 자연어 처리 기능을 넣어. 음성·시각·언어·사고 기술을 종합적으로 넣어 사람의 역할을 할 수 있도록 하는 거야.

　얼굴과 목소리는 실제 인물에게서 빌려 쌍둥이처럼 똑같이 만들 수도 있고, 완전히 새롭게 만들 수도 있어. 가상 인간 속 인공 지능은 사람의 눈과 입 주변의 근육 수백 개가 어떻게 움직이는지 딥러닝으로 분석하고 학습해서 울고 웃는 다양한 표정을 만들어 내.

가상 인간의 활동 무대는 메타버스(metaverse)야. 메타버스는 가상·초월을 뜻하는 메타(meta)와, 세계·우주를 뜻하는 유니버스(universe)를 합친 말인데, 현실과 가상 공간이 연결된 초현실의 세계라고 할 수 있어. 가상 세계와 현실 세계의 경계가 허물어지는 세계인 셈이지.

가상 인간의 활동 범위는 넓어. 온라인 인플루언서로 활약하기도 하고 아나운서, 기상 캐스터, 은행원으로도 활동하고 있어. 실제 인간과 자연스럽게 소통하면서 또 다른 현실의 메타버스 세상을 만들고 있지. 가상 인간의 활약은 앞으로 더 대단해질 거야.

실제 인간과 가상 인간, 강한 인공 지능이 공존하는 미래 시대. 그때는 지금과 완전히 다른 세상을 마주할지도 몰라. 그렇다고 너무 두려워하지는 마. 사람들은 기술이 한 단계 올라갈 때마다 세상의 종말이 올 거라며 걱정했어. 하지만 그런 일은 일어나지 않았어. 오늘날의 세상은 100년 전 세상보다 훨씬 나은 세상일 뿐이지. 그러니 다가올 새로운 세상을 재미있게 체험하며 즐기길 바라.

인공 지능과 인간의 미래

인간 대신 일해 주는 기계는 없을까? 오래전부터 많은 사람이 이런 꿈을 꾸었어.

처음에는 단순히 덧셈, 뺄셈 정도를 돕는 기계를 만들 수 있었어. 그러다 컴퓨터가 등장했어.

기계가 사람처럼 생각할 수 있을까? 영국의 수학자 앨런 튜링은 가능하다고 생각했고 이것이 인공 지능의 시작이었어.

전문가 시스템, 기계 학습, 디프 러닝까지 여러 단계를 거치면서 인공 지능은 점점 똑똑해졌어.

지금은? 챗지피티 같은 생성형 인공 지능까지 등장했지!

빅 데이터 덕분에 요즘 인공 지능은 매우 빠르게 많은 것을 학습할 수 있어.

이제 인공 지능은 세탁기처럼 일상을 돕기도 하고, 닥터 왓슨처럼 전문가의 일을 대신 하기도 해.

사람들은 완전히 스스로 운전하는 자율 주행 차도 기다리고 있어.

미래에는 혹시 인공 지능이 사람을 해치지는 않을까 하고 걱정하기도 해.

궁금증 상담소

Q 인공 지능이 그림도 그릴 수 있어?

A 유명한 인공 지능 화가로 '에런'이 있지. 에런은 해럴드 코언이라는 영국의 화가가 만들었어. 무려 1973년에 '전문가 시스템'을 바탕으로 했지. 에런은 그때부터 2016년까지 사람 화가 코언과 함께 그림을 그리며 활약했어.

Q 인공 지능으로 어떤 직업이 많이 생겨날까?

A 우리나라 정보통신정책연구원에서는 2023~2027년 사이에 특히 생성형 인공 지능의 영향으로 더 많은 일자리가 생겨날 것으로 예상되는 분야를 찾아보았어. 그 분야는 바로 인공 지능 및 기계 학습 전문가, 지속 가능성 전문가, 정보 보안 분석가, 데이터 분석가, 데이터 과학자 등이야.

Q 인공 지능이 직원 채용 면접까지 본다고?

A 회사가 원하는 경력, 성격 등 몇 가지 정보를 입력하면, 인공 지능 면접관이 15초 만에 입사 지원서를 분석해 1차 면접 대상자를 골라내. 이후 지원자의 소셜 미디어 등에 있는 데이터로 성격과 친화력, 이직 확률 등을 분석해 회사 기준에 적합한 인재를 추천해 줘.

Q 우리나라에도 인공 지능 의사가 있어?

A 우리나라 여러 병원에서도 현재 닥터 왓슨을 사용하고 있어. 또 하나 중요한 사실, 우리나라에서도 닥터 왓슨 같은 인공 지능 의사를 개발하고 있어. 그 이름은 '닥터 앤서'(Dr. Answer)야. 현재 닥터 앤서 2.0까지 개발되어 있고 성능이 꽤 뛰어나다고 인정받고 있지.

Q 인공 지능도 저작권이 있어?

A 최근 미국에서는 인공 지능이 만든 예술 작품은 저작권을 인정할 수 없다는 법원 판결이 나왔어. 사람이 만든 것만 인정하겠다는 거야. 원숭이가 카메라로 무심코 자기 얼굴을 찍었다고 해서 그 사진에 대한 권리를 인정하지 않는 것과 비슷해. 이런 판결이 나오긴 했지만, 앞으로 인공 지능의 저작권에 대해서는 더 많이 고민해야 해.

Q 챗지피티에게 질문을 잘하려면 어떻게 해야 해?

A 원하는 것을 챗지피티에게 정확하게 설명해야 해. "고양이 이름 추천해 줘."와 "어두운 밤처럼 털이 까만 고양이 이름 열 가지 추천해 줄래?" 둘 중 어떤 질문이 원하는 답을 얻기에 좋을까? 질문을 잘하려면 질문하는 사람이 먼저 지식을 탄탄하게 쌓아야 해.

손바닥 교과 풀이

초등 5학년 1학기 국어(가)

1. 대화와 공감

- 표정, 몸짓, 말투에 따라 상대방의 기분이나 생각을 짐작할 수 있다.
- 다른 사람의 감정, 의견에 대해 공감하며 대화하는 것이 중요하다.

인공 지능과 달리 사람은 상대방의 마음에 공감할 수 있어. 이 능력을 활용한 직업은 인간만이 가질 수 있지.

초등 6학년 2학기 국어(나)

6. 정보와 표현 판단하기

- 받아들이는 정보를 올바르게 이해하고, 다양한 측면으로 생각해야 한다.
- 여러 관점을 고려하여 정보를 판단하고 효과적으로 전달하는 능력이 필요하다.

인공 지능이 알려 준 정보나 결과를 무조건 믿는 건 위험해. 옳고 그름을 판단하는 건 결국 인간의 몫이야.

> 초등 4학년 2학기 사회

3. 사회 변화와 문화의 다양성

● 정보화로 달라진 생활 모습
- 정보 통신 기술의 발달로 사람들의 생활은 더욱 편리해지고 다양해졌다.
- 정보와 지식을 활용하여 새로운 자료를 만들고 사람들과 공유할 수 있다.

과학 기술이 발달하고 컴퓨터가 등장하면서 많은 것이 달라졌어.
인공 지능이 등장하면서는 완전히 새로운 세상이 열렸지.

> 초등 5학년 1학기 사회

2. 인권 존중과 정의로운 사회

● 인권을 존중하는 삶
- 학교에서도 사이버 폭력 등으로 인권이 침해되지 않도록 노력해야 한다.
- 모든 사람이 행복하게 살기 위해서는 인권을 보장하는 데 힘써야 한다.

이제 우리는 고민할 때가 됐어.
인공 지능과 함께 행복하게 살아갈 방법 말이야.

생각의 탄생_⑦ 인공 지능과 미래

1판 1쇄 발행 | 2024년 2월 14일
1판 2쇄 발행 | 2024년 11월 3일

펴낸이 | 김영곤
아동부문 프로젝트3팀 팀장 | 이장건 **책임개발** | 김혜지 **책임편집** | 김선아
마케팅영업부문 | 정지은 한충희 장철용 남정한 강경남 황성진 김도연 이민재
디자인 | 여백커뮤니케이션   **제작** | 이영민 권경민

펴낸곳 | ㈜북이십일 아울북
출판등록 | 2000년 5월 6일 제406-2003-061호
주소 | (10881) 경기도 파주시 회동길 201 (문발동)
대표전화 | 031-955-2100 **팩스** | 031-955-2177
홈페이지 www.book21.com

─ 다양한 SNS 채널에서 ─
아울북과 을파소의 더 많은 이야기를 만나세요.

인스타그램 @owlbook21   유튜브 @아울북&을파소

ISBN | 979-11-7117-343-3
ISBN | 978-89-509-4065-2(세트)

ⓒ김형자·이창우, 2024
이 책을 무단 복사복제·전재하는 것은 저작권법에 저촉됩니다.

• 잘못 만들어진 책은 구입하신 서점에서 교환해 드립니다.
• 가격은 책 뒤표지에 있습니다.

⚠ **주의** 1. 책 모서리가 날카로워 다칠 수 있으니 사람을 향해 던지거나 떨어뜨리지 마십시오.
     2. 보관 시 직사광선이나 습기 찬 곳을 피해 주십시오.

• 제조자명 : (주)북이십일
• 주소 및 전화번호 : 경기도 파주시 회동길 201(문발동)/031-955-2100
• 제조연월 : 2025.11
• 제조국명 : 대한민국
• 사용연령 : 3세 이상 어린이 제품

• **일러두기** 맞춤법과 띄어쓰기는 《표준국어대사전》을 기준으로 삼았고, 외국의 인명, 지명 등은
       국립국어원의 '외래어 표기법'을 따랐습니다.

세상에 없던, 세상을 변화시킨 인류의 생각과
문명 탄생의 순간들을 찾아 떠나는 지식 여행!

생각의 탄생

- 한국어린이출판협의회 **어린이 필독 도서**
- 학교도서저널 **추천 도서**
- 한국출판문화진흥재단 **올해의 청소년 교양 추천 도서**

❶ 감염병과 백신 ❷ 시간과 시계 ❸ 화폐와 경제
❹ 지도와 탐험 ❺ 문자와 생활 ❻ 진화와 유전
❼ 인공 지능과 미래 ❽ 스포츠와 올림픽
❾ 에너지와 환경 ❿ 통신과 스마트폰

★ 시리즈는 계속됩니다. ★

대한민국 최고의 교수진들이 들려주는
단 한 번의 특별한 교양 수업

서울대 교수와 함께하는 10대를 위한 교양 수업

❶ 법의학 이야기 ❷ 한국 고대사 이야기
❸ 빅데이터 이야기 ❹ 해양 과학 이야기
❺ 헌법 이야기 ❻ 로마사 이야기
❼ 과학기술학 이야기 ❽ 고생물학 ❾ 수의학

★ 시리즈는 계속됩니다. ★